D'après Jim Davis

# GARFIELD & Cie

# QUI VEUT LA PEAU DE POOKY ?

D'après la série télévisée Garfield & Cie,
développée par Philippe Vidal, Robert Réa et Stève Balissat,
adaptée de la bande dessinée de Jim Davis publiée en France par Dargaud.
Une coproduction Dargaud-Media et France 3,
avec le soutien de la Région Ile-de-France
Histoire originale de Baptiste Heidrich et Julien Monthiel
www.garfield-et-cie.com



Novélisation : Arnaud Huber
Conception graphique : Valérie Gibert et Philippe Sedletzki

Hachette Livre, 43 quai de Grenelle, 75015 Paris.

D'après Jim Davis

# GARFIELD & Cie

## QUI VEUT LA PEAU DE POOKY ?

hachette
JEUNESSE

LA PARESSE, ÇA CREUSE. CE N'EST DONC PAS DE SA FAUTE SI GARFIELD EST LE CHAT LE PLUS FAINÉANT ET LE PLUS GLOUTON DE L'UNIVERS. D'APRÈS LUI, IL EST AUSSI LE PLUS INTELLIGENT. LA PREUVE ? IL PARLE ! SURTOUT DE LUI. ÇA TOMBE BIEN : IL LUI ARRIVE TELLEMENT D'AVENTURES, QU'IL VALAIT MIEUX QU'IL PUISSE VOUS LES RACONTER...

# MOI, GARFIELD

MA DEVISE DANS LA VIE, C'EST "MOI D'ABORD !" ON PEUT LE DIRE, JE SUIS UN GROS ÉGOÏSTE. ENFIN, DISONS QUE JE NE PENSE QU'À MANGER (DES LASAGNES) ET À DORMIR (LE PLUS LONGTEMPS POSSIBLE). POUR ENTRETENIR MON BEAU PELAGE ORANGE RAYÉ NOIR, JE FAIS AUSSI UN PEU D'EXERCICE : JE REGARDE LA TÉLÉVISION... ET MÊME SI AU FOND JE LES AIME BIEN (MAIS NE LE RÉPÉTEZ PAS, J'AI UNE RÉPUTATION DE CHAT MÉCHANT À TENIR), J'ADORE TAQUINER MON MAÎTRE ET SON CHIEN...

## JON

CE QUE J'APPRÉCIE CHEZ MON MAÎTRE, C'EST QU'IL EST PLUTÔT CALME. CE QUE J'AIME MOINS, C'EST QU'IL N'A PAS DE PETITE AMIE. DU COUP, IL PASSE UN PEU TROP DE TEMPS À LA MAISON. IL Y A BIEN LIZ, MAIS IL FAUDRAIT QUE ÇA DEVIENNE UN PEU PLUS SÉRIEUX POUR AVOIR LA PAIX...

## ODIE

SI JE SUIS LE CHAT LE PLUS INTELLIGENT AU MONDE, ODIE EST SANS AUCUN DOUTE LE CHIEN LE MOINS FUTÉ. J'EN PROFITE POUR L'EMBÊTER. QUI AIME BIEN CHÂTIE BIEN ! MAIS SON VRAI PROBLÈME, C'EST QU'IL NE SAIT PAS PARLER. DU COUP, IL PASSE SON TEMPS À FAIRE DES CÂLINS BAVEUX AVEC SA LANGUE. ET ÇA, C'EST DÉGOÛTANT.

## LIZ

MON MAÎTRE, JON, EST AMOUREUX DE LIZ. C'EST NOTRE VÉTÉRINAIRE, À MOI ET À ODIE. ELLE EST SYMPA. SAUF QUAND ELLE NOUS FAIT DES PIQÛRES POUR NOS VACCINS. MAIS PARCE QU'ELLE POURRAIT ME DÉBARRASSER DE JON UN PEU PLUS SOUVENT, JE SUIS PRÊT À JOUER LES CHATS MODÈLES POUR LUI PLAIRE...

## SQUEAK

LES SOURIS ET MOI, C'EST UNE LONGUE HISTOIRE. JE FAIS SEMBLANT DE LES CHASSER POUR QUE JON CONTINUE DE ME NOURRIR MAIS EN MANGER, BEURK ! MÊME PAS EN RÊVE... IL Y EN A QUAND MÊME UNE QUI VIT À LA MAISON. JE L'AI APPELÉE SQUEAK. C'EST UN BON COPAIN. ET IL EST PRESQUE AUSSI MALIN QUE MOI. J'AI DIT "PRESQUE".

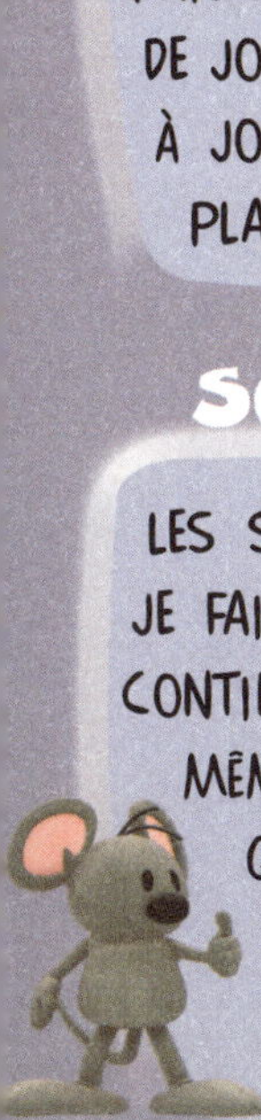

CHAPITRE I

# ON NE MANGE PAS SON MEILLEUR AMI

Je viens de finir ma sieste. Pooky et moi, nous discutons dans la chambre. J'adore discuter avec Pooky : il est toujours d'accord avec moi. Ce qui est plutôt normal puisque j'ai toujours raison. En revanche Arlène, ma petite amie, me contredit souvent. Elle dit que je ne suis qu'un gros fainéant qui ne pense qu'à manger

et à dormir… Bon, d'accord : elle n'a pas tout à fait tort.

Mais quand elle me répète que Pooky n'est qu'une peluche et que je n'ai pas le droit d'être plus gentil avec une peluche qu'avec Odie, là, je dis stop ! Pooky est mon ami depuis que je suis tout petit. Sans Pooky, je suis perdu. Si vous voulez mon avis, je pense qu'Arlène est jalouse de Pooky.

Je suis certain qu'en secret, elle voudrait que je la demande en mariage. Mais c'est impossible ! Elle ne sait pas cuisiner les lasagnes. D'ailleurs, en parlant de lasagnes…

— Hmmm, tu sens cette bonne odeur, Pooky ?

Je crois que je n'en ai pas mangé depuis… Ouh là ! Au moins depuis le goûter… C'est presque aussi long qu'un lundi

entier. Et vous savez à quel point je hais les lundis.

— Garfield ! Odie ! À table ! nous crie Jon depuis la cuisine.

Mon odorat ne m'a pas trompé. Et mon ouïe, malheureusement, fonctionne bien elle aussi : j'entends Odie aboyer comme s'il était affamé. Lui, on dirait qu'il n'a pas mangé depuis… Ah ben, depuis hier ! Je lui ai chipé sa part à tous les repas. Sa part d'œufs au bacon. Sa part de lasagnes. Sa part de pizza. Et même son os de quatre heures. Enfin, je n'ai pas mangé son os, bien sûr. Je l'ai juste caché pour l'embêter. Mais c'est pour son bien. Même Liz trouve qu'il a un peu grossi et qu'il devrait se mettre au régime. C'est vrai qu'elle dit la même chose pour moi. Mais déjà que je n'écoute pas ma propre petite amie, ce n'est pas pour écouter celle que Jon rêverait d'avoir. Bon, je ferais mieux de descendre en vitesse. Après vingt-quatre heures de jeûne, il se pourrait bien qu'Odie ait plus d'appétit qu'un mammouth qu'on viendrait de décongeler.

— Viens, Pooky ! On va dîner.

On descend les marches de l'escalier en moins de temps qu'il ne m'en faut pour avaler un bol de pop-corn.

— Si tu n'as pas faim, je glisse à l'oreille toujours attentive de Pooky, c'est pas grave : je mangerai ta part.

Je dis ça mais si je reste figé comme ça dans le salon, je pour-

rais bien laisser la mienne aussi. Jon a beau tenir une part de lasagnes à peine sortie du four et encore toute fumante, sa tenue est tellement moche que je pourrais vomir.

À la main droite, il porte un gant de protection rouge avec pour motifs ma tête et celle d'Odie. Il n'y aurait que la mienne et cet unique gant, passe encore, mais à la main gauche, il en porte un second à petits carreaux verts et blancs et son tablier est recouvert de taches de vache. Et avec un tel mauvais goût, il se demande pourquoi personne ne veut de ses bandes dessinées. Il devrait peut-être se reconvertir en cuisinier ?

Parce que pour les lasagnes, par contre, c'est un chef. Enfin… Non ! Qu'est-ce que je raconte ?! Il n'aurait plus le temps d'en préparer pour moi…

Toujours est-il qu'Odie n'arrête pas de courir et sauter autour de Jon en aboyant et que si ça continue, on risque l'accident domestique à base de lasagnes et de chien stupide.

Ah ben tiens ! Qu'est-ce que je disais ?!? Jon vient de trébucher sur la langue d'Odie. Ce n'est pas faute de lui dire d'arrêter de la laisser pendouiller.

La part de lasagnes commence un long vol plané. Atterrissage prévu dans mon estomac aux environs de… maintenant ! Il faut juste que je l'attrape au passage. Je lâche Pooky et m'élance dans les airs.

— Je l'ai, je l'ai…

Ah non. Raté. C'est dans le vide que mes dents viennent de mordre. Pooky lui, par contre, ne l'a pas loupée : la part de lasagnes lui est tombée en plein dessus. Je le trouvais déjà très craquant avant mais alors comme ça il est, comment dire… Appétissant ! Je ne dis pas que je vais le manger, hein ! On ne mange pas son meilleur ami. On peut le lécher, éventuelle-

ment. Surtout s'il est recouvert de sauce tomate et de fromage fondu.

— Oh ! Désolé, Garfield, s'excuse Jon. J'ai sali ta peluche.

C'est pas bientôt fini cette histoire de peluche !

— Pooky n'est pas une peluche, je rétorque. Pooky est mon meilleur ami ! Ce n'est pas de sa faute s'il est en peluche. Par contre, c'est de ta faute s'il est tout dégoûtant, alors : nettoie-le !

Non mais. Direction la buanderie !

CHAPITRE 2

# UNE NUIT SANS POOKY

Pauvre Pooky ! Je le vois tourner et tourner par le hublot de la machine à laver. Que c'est long ! Et que cette pièce est sombre et triste. Entre les paquets de lessive et cette litière pour chats bon marché que Jon achète toujours en pensant que je ne m'en rendrai pas compte, il n'y a pas de quoi s'extasier. Il n'y a pas non plus de quoi s'allonger pour faire une petite sieste. Et absolument rien à manger. Je déteste la buanderie !

— Tu n'as pas oublié de mettre de l'assouplissant pour tissus fragiles j'espère ? je demande à Jon. Tu as plutôt intérêt à ce que Pooky ressorte de là aussi doux qu'il l'était avant, je précise en grognant.

— Ce sera fini dans une minute, Garfield, me dit Jon.

*DING !* En effet la machine à laver sonne.

— C'est fini, confirme Jon.

Je me précipite pour ouvrir le hublot. Jon attrape Pooky et le sort de la machine. Pooky est trempé ! Et tout gonflé !! Les poils tout dressés !!! On dirait un hérisson terrorisé.

— Il faut le mettre à sécher pour la nuit maintenant, m'explique Jon en regagnant le rez-de-chaussée.

Pour la nuit ?

— Ne t'inquiète pas, me dit Jon en accrochant Pooky à la corde à linge du jardin avec deux pinces. Demain matin, il sera comme neuf.

Demain matin ?!?

Je dois vraiment avoir l'air effondré car Jon se penche vers moi en souriant et me caresse la tête en disant :

— Voyons, Garfield, tu es un grand chat maintenant ! Tu peux passer une nuit sans Pooky quand même ? Non ?

À vrai dire, je n'en sais rien. Ça ne m'est jamais arrivé ! Et puis de l'imaginer, suspendu par les oreilles, là, tout seul, toute la

nuit… c'est encore plus abominable que d'être privé de reprendre des lasagnes après le dessert.

Oh non ! Je ne peux pas le laisser là. Si, je peux ! Non, je ne peux pas. Si, je peux !

Allons ! Je dois me reprendre ! Pour une fois, je dis bien *pour une fois*, Jon a peut-être, et je dis bien *peut-être*, raison. Je dois pouvoir passer une nuit sans Pooky. Rien qu'une ! Ce sera dur, mais je peux y arriver. Ce n'est pas comme s'il avait disparu…

Pourtant, une fois dans la chambre, alors que Jon et Odie dorment déjà profondément et font des bruits dignes des gargouillis de mon estomac quand il est vide, je ne peux pas m'empêcher d'aller jeter un œil par la fenêtre.

Ouf ! Pooky est toujours là. La lumière de la lune l'éclaire et je le vois très nettement. Il a l'air d'aller bien. Non, il VA bien. Mais je crois que je n'arriverai pas à dormir pour autant. En plus, je n'ai rien avalé depuis tout à l'heure. Celui qui a inventé l'expression « qui dort dîne » était encore plus stupide qu'Odie !

Je descends à la cuisine me chercher quelques-uns de ces nouveaux paquets de chips goût pizza que Jon a trouvés au supermarché. Elles sont délicieuses, CROUNCH. Hum… Il ne faudra pas que j'oublie de me laver les dents avant d'aller me coucher… Je remonte dans la chambre,

CROUNCH, les bras chargés, CROUNCH, CROUNCH, et me poste près de la fenêtre pour surveiller Pooky. Je m'inquiète sans doute, CROUNCH, CROUNCH, pour rien mais on ne sait jamais, CROUNCH. On vole bien de l'or et des bijoux alors qu'un ami, CROUNCH, c'est mille fois plus précieux. Croyez-moi, CROUNCH CROUNCH, un ami c'est… CROUNCH… un ami c'est… RRRRRRRR… c'est… ZZZZZZZZZZZZZZZZZZZZZZ…

CHAPITRE 3

# CHERCHE POOKY DÉSESPÉRÉMENT

— COCORICOOOOOO ! COCORICOOOOO !

Hein ? Quoi ? Le coq ? Déjà ? Mince ! Je me suis endormi. J'ai mangé toutes les chips et je me suis endormi. J'espère que…

— Debout, Odie ! Allons chercher Pooky. Après, on prendra un bon petit déjeuner tous ensemble, je lui dis pour me rassurer.

Nous descendons l'escalier. Odie traîne les pattes. Ou les oreilles. Ou la langue ? Je n'arrive plus trop à faire la différence. Tout est si grand chez lui. À part son cerveau bien sûr.

Je prends une profonde inspiration, j'ouvre la porte de la cuisine qui donne sur le jardin et… Choux de Bruxelles et brocoli !

Ah oui, au fait ! Il faut que je vous explique : c'est mon nouveau truc. Je remplace les gros mots par des noms de légumes. De mon point de vue, c'est à peu près la même chose.

Moi qui craignais le pire, eh bien le pire est arrivé : Pooky a disparu ! Je le sentais. On aurait dû acheter plus de paquets de chips, comme ça je ne me serais pas endormi.

Je dois retrouver Pooky. Par tous les moyens ! Voyons voir dans la gueule d'Odie. Ce chien est suffisamment stupide pour confondre Pooky avec un os.

— Nom d'un navet ! Tu sens mauvais, Odie…

Mais non, pas de Pooky dans la gueule d'Odie. Juste un os, effectivement. Il faudra qu'il m'explique comment il arrive à garder un os au fond de la gorge. Quoique non. Je préfère ne pas savoir.

Ah ! J'entends le facteur. Pooky est peut-être dans son sac.

— Pooky, tu es là ?

Non, non et non. Il y a juste des timbres et des enveloppes. Enfin, maintenant, il n'y en a plus. J'ai tout fait tomber et le facteur est à quatre pattes pour les ramasser. Avec sa langue, Odie pourrait l'aider à recoller les timbres. Mais je ne sais pas où est passé Odie non plus. Tous mes amis m'abandonnent, on dirait. Et moi, j'en suis réduit à fouiller la sacoche du facteur…

Si je jetais un œil dans la cuisine ? Peut-être que Jon s'est levé pendant la nuit pour mettre Pooky au chaud ? Il n'était plus dans la chambre quand j'ai réveillé Odie tout à l'heure.

Je rentre par la porte du placard qui se trouve près du salon et fais tout le tour des meubles de la pièce. J'en profite pour grignoter quelques céréales au passage. Et de la pâte à lasagne pas cuite. C'est pas bon, mais j'ai trop faim.

Malheureusement, en sortant du dernier placard, je suis bien obligé de constater que Pooky n'est pas là non plus. Oups ! J'ai

assommé Jon en ouvrant la porte. Mais d'où il sort au juste ? Pas grave. Il s'en remettra. Et puis, Jon n'est vraiment pas ma priorité pour l'instant.

Oh ! Et si j'escaladais le lampadaire devant la maison ? Comme ça j'aurais une vue plongeante sur tout le jardin. Si on m'avait dit qu'un jour je ferais du grimper de lampadaire l'estomac

quasi vide, j'aurais répondu que l'exercice physique est incompatible avec mon intelligence. Pour l'instant, l'exercice est surtout totalement inutile.

J'ai beau scruter le jardin dans tous ses coins et recoins, je ne vois rien. Rien du tout ! Pooky a définitivement disparu. Je ne m'en remettrai jamais. Je n'ai même pas envie de m'asseoir dans le fauteuil de Jon pour regarder la télé. Je n'ai même pas envie de… manger. C'est la fin. La déprime totale. Je suis désespéré. Il faut l'être un minimum, pour chercher Pooky dans le ventre d'Odie ou dans la sacoche du facteur. Je vais m'allonger sur le canapé et attendre un miracle en regardant le plafond.

CHAPITRE 4

# NOUNOURS 2000

— Je suis vraiment désolé que Pooky ait disparu, Garfield, me dit Jon, qui a retrouvé ses esprits.

— Tu peux l'être, je lui lance. C'est de ta faute s'il n'est plus là.

— Quand j'ai vu qu'il avait disparu, continue-t-il, je suis sorti pour t'acheter un nouvel ami qui te consolera. Regarde !

Jon brandit alors une espèce de panda qui fait un bruit de vache.

— *MEUUUH !*

— Tu as gardé le ticket de caisse pour te faire rembourser j'espère ? Et puis je te ferai remarquer qu'il est loin d'être aussi mignon que Pooky.

— Tu sais quoi ? poursuit Jon. Je me suis dit que tu risquais de ne pas l'aimer, alors je t'ai aussi pris celui-là.

Jon agite maintenant un chat gris avec une truffe rose et des cils plus longs que ses moustaches.

— Ça va pas non ? je lui demande. On dirait Nermal.

Depuis le jour où Jon lui a dit qu'il était le chat le plus mignon au monde, Nermal, un ami d'Arlène, est persuadé que c'est vrai. Je déteste ce chat. Je suis sûr qu'il fait de la chirurgie esthétique. Et il est encore plus prétentieux que moi. Il est insupportable.

— OK, souffle Jon. Je n'ai pas dit mon dernier mot. J'en ai encore un. Ne bouge pas.

Ça ne risque pas. Je ne bougerai que lorsque les poules seront des lasagnes. Et encore.

— Regarde ça, me dit Jon en posant sur la table basse un grand nounours brun avec une antenne jaune sur la tête.

— C'est un nounours ou une radio ?

— Il vient juste de sortir, poursuit Jon. C'est le Nounours 2000 ! Un robot en peluche à la pointe de la technologie.

Je sens que Jon ne va pas me

lâcher. Je le verrais bien en vendeur de télé-achat. Mais puisque je ne peux pas le faire taire en appuyant sur un bouton, je suis obligé de me lever pour ne plus l'entendre. C'est mon Pooky que je veux. Et rien d'autre.

— Le Nounours 2000 peut répéter tout ce que tu dis dans le micro de cette télécommande, insiste Jon quand je passe près de lui pour le fuir.

Il me montre un boîtier en forme de tête de nounours, avec des boutons qui représentent les yeux, le nez et la bouche.

— Et les petits points roses et bleus sur les joues, c'est contagieux ?

— Oh arrête ton mauvais esprit, Garfield ! Admire plutôt la magie de la technologie.

Jon appuie sur le nez et s'approche de la « nounourscommande » :

— Coucou, Garfield ! Tu veux être mon ami ?

Et Nounours 2000 répète :

— Coucou, Garfield ! Tu veux être mon ami ?

Jon sourit bêtement. Ils auraient dû l'appeler Perroquet 2000, leur robot en peluche.

— Et il y a plein d'autres options sur sa télécommande, insiste Jon.

La dernière fois que je l'ai vu aussi excité, c'était pour son premier rendez-vous avec Liz. Rendez-vous qu'il avait manqué parce que j'avais renversé de la sauce tomate sur son costume. Je l'avais fait exprès, bien sûr. Si je l'avais laissé aller à ce rendez-vous, qui m'aurait préparé mon dîner, hein ?

Oh et puis après tout, je n'ai plus rien à perdre. Pooky a déjà disparu. Voyons voir ce que ce Nounours 2000 a dans le ventre. Depuis le canapé.

Hmmm. Que va-t-il se passer si j'appuie sur le bouton « MARCHE » ?

Nounours 2000 se lève et marche. Logique. Mais toujours rien à voir avec Pooky de près ou

de loin.

Et si je presse le bouton « DANSE » ? Ah ben, Nounours 2000 danse. Cabrioles, petits pas, entrechat, saut de chat, déboulé ? Ah non. Roulé boulé. Au pied de la table basse. Pas très au point, la pointe de la technologie.

Et qu'est-ce qui se passe si

j'appuie sur « CÂLIN » ?

Ouh là ! La bête se redresse. L'antenne qu'il a sur la tête fait des étincelles. Il s'approche de moi. On dirait qu'il veut me prendre dans ses bras. Je ne suis pas sûr d'avoir envie de faire un câlin à un autre nounours que Pooky. Encore moins à un robot nounours qui grésille dangereusement ! Trop tard. Nounours 2000 fait ce que je lui ai demandé. Un

gros câlin. Un très gros câlin.

— Hé ! Lâche-moi ! Au secours !!!

CHAPITRE 5

# NE RESTE PAS PLANTÉ LÀ !

Je crois que Nounours 2000 ne comprend pas ce que je lui dis. Et je n'arrive pas à me dégager de son étreinte. Ça devient urgent pourtant : il commence à faire de la fumée et ses yeux deviennent tout rouges. Aaaaah ! Il vient de me faire une prise de kung-fu et aaaah ! une deuxième. Maintenant il me reprend dans ses bras. Puis il me lâche et

se met à courir autour de moi. Impossible de m'échapper !

Soudain, il m'attrape par la queue et m'entraîne avec lui. Il grimpe au mur et fait le tour de la pièce à toute vitesse. Je me cogne aux tableaux et dans les coins. Mais comment est-ce qu'on l'arrête ? Il va de plus en plus vite et je n'arrive pas à lire ce qui est écrit sur les boutons de la télécommande. Le voilà qui redescend. Je me cogne contre la table basse en passant. Puis contre une chaise. On se retrouve dans la cuisine. Ah ! Il est écrit « STOP » sur ce bouton. J'appuie. Nounours 2000 s'arrête net. Un peu trop net ? Il allait tellement vite qu'en me lâchant il m'envoie valser contre le mur de la cuisine. S'il voulait dessiner ma silhouette au mur, un pochoir aurait suffi.

— Aucun doute possible, tu n'es vraiment pas Pooky, je lui dis tout en m'assurant que je n'ai rien de cassé. Aïe.

Et voilà qu'Odie débarque. Comme si je n'avais pas assez d'ennuis.

— Franchement, Odie, c'est pas le moment !

Mais Odie insiste. Il se pince les deux oreilles et m'indique l'extérieur de la maison d'un mouvement de tête. Qu'est-ce qu'il essaie de me dire ? Oh, mais oui ! Cette nuit, Pooky était pendu par les oreilles avec deux pinces à linge.

— Tu as trouvé Pooky, c'est ça ?

Odie fait oui de la tête.

— Alors ne reste pas planté là à baver ! Qu'est-ce que tu attends ? Montre-moi où il est !

Odie m'emmène dans le jardin, près de la palissade violette.

Il y a un petit trou dedans. Il me fait signe de regarder à travers. Je me penche et là, je vois l'affreux chihuahua du voisin, Hercule, en train de dormir, devant sa niche. Avec Pooky près de lui !

— C'est donc Hercule le « Pookydnappeur » ! Cette espèce de roquet m'a volé mon meilleur ami !

À ces mots, Odie me fait la

totale : grognement, pattes croisées et sourcils froncés. Il y a de la jalousie dans l'air.

— Bon d'accord, je m'excuse aussitôt. L'UN des mes meilleurs amis. Et je compte bien le récupérer.

Je soulève la planche trouée. Elle tourne d'un coup sur elle-même et m'expédie un peu plus vite que prévu museau à museau avec Hercule. Il est peut-être petit, mais sa rangée de dents pointues comme des ciseaux et son collier hérissé de piquants en métal m'inquiètent un poil. Courage !

— Eh, Hercule ! Lui, c'est mon Pooky à moi ! J'exige que tu me le rendes tout de suite !

La réponse d'Hercule ne se fait pas attendre. Il m'attrape par la peau du cou et me réexpédie d'un seul coup de patte dans mon jardin. Deux sacs-poubelle que Jon a oublié de sortir amortissent ma chute. J'entends Hercule hurler :

— Et moi j'exige que tu sortes de chez moi ! Pooky est à moi, maintenant. À moi !

Si ce sale cabot pense que je vais lui laisser Pooky sans me battre, c'est qu'il ne me connaît pas du tout. Quand il s'agit de mes amis, je n'abandonne jamais. Et j'ai déjà une idée. Je vais partir à la pêche au Pooky !

CHAPITRE 6

# ATTENTION CHAT MÉCHANT

Dans le garage, je prends une canne à pêche et un gros hameçon. Je grimpe ensuite à l'arbre qui se trouve tout près de la palissade et m'avance sur la plus longue branche. Je lance mon hameçon. Je ne vois pas bien où il atterrit. La branche n'est pas assez longue. Mais je sens que ça mord. Ça résiste en tout cas, au bout de l'hameçon. Vite !

Il faut que je remonte Pooky avant qu'Hercule ne se réveille. Je mouline, je mouline, je mouline… Bon sang ! Pooky n'a pas pu prendre autant de poids en une seule nuit. À moins que…

— Grrrrrrr.

Hum. J'aurais dû m'en douter. Au bout de mon hameçon, il y a

Pooky ET Hercule. Je lâche le moulinet d'un coup. Hercule et Pooky retombent à terre. Aussitôt, Hercule vient se placer au pied de l'arbre avec un trampoline. Il ne va quand même pas… Et si ! Hercule se met à rebondir et à rebondir, et finit par se hisser au niveau de la branche sur laquelle je suis assis. J'en suis quitte pour un nouveau coup de patte aux fesses et un nouveau vol plané, direction, cette fois-ci, l'intérieur d'une poubelle, dont le couvercle s'abat violemment sur mon crâne. À force, on va finir par me prendre pour un chat de gouttière volant. Mais je n'ai pas dit mon dernier miaou.

Essayons autre chose. Et pourquoi pas la bonne vieille ruse du camouflage ? On ne sait jamais. Sur un malentendu, ça peut marcher.

Je me glisse donc dans un petit buisson et reprends la direction de la planche trouée de la palissade. Manque de bol, je me laisse à nouveau surprendre par la fâcheuse tendance de cette planche à jouer les catapultes.

Pour la discrétion, on repassera. Mais dans mon malheur, il semblerait que la chance soit avec moi : je vois très bien Pooky, seul, à côté de la niche d'Hercule. Et pas d'Hercule à l'horizon. C'est le moment ou jamais !

Je me dirige sur la pointe des coussinets vers Pooky et tente de l'attraper. Mes doigts rencontrent un truc tout petit, tout froid et qui fait *pouët. Pouët* ? C'est le museau d'Hercule ! Il était caché sous Pooky.

En quelques coups de dents, il taille un costard à mon buisson. Habillé comme ça, je ferais fureur dans un défilé de mode

bio. Jon devrait l'embaucher pour faire le jardin. Mais je n'ai même pas le temps de lui demander ses tarifs, me voilà déjà réexpédié d'un bon coup de patte dans les poubelles du jardin.

OK. Ça suffit ! Fini de jouer au gentil chat. Le chien qui me fera perdre la face n'est pas encore né. Je vais récupérer mon Pooky ! Et je sais parfaitement comment je vais m'y prendre. Tout ce dont j'ai besoin maintenant, c'est d'une robe…

La chance me sourit enfin. Une maman et sa petite fille passent sur le trottoir. La petite fille a une poussette. Et qui dit poussette, dit poupée. Cette petite fille aurait mieux fait de la laisser à la maison… Attention chat méchant !

Pendant qu'elles attendent pour traverser au passage piéton,

je me glisse discrètement derrière elles et vole la poupée. Je lui enlève sa robe et comme elle a une perruque à boucles blondes, je la prends aussi. Puis, ni vu ni connu, je la repose dans la poussette et prends la poudre d'escampette.

Quelques secondes plus tard, j'entends la petite fille crier. Une poupée chauve en culotte, c'est

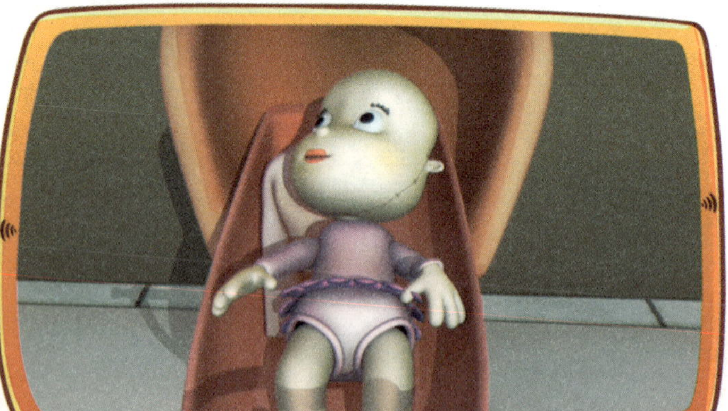

vrai que ça doit faire peur. Mais c'est la vie de Pooky qui est en jeu !

Je file dans la cuisine récupérer le Nounours 2000. Finalement, il va m'être très utile ce gadget. Avec la robe et la perruque, on dirait Liz. En un peu plus poilu quand même. Dans le rôle de la maman de Pooky, il sera parfait…

CHAPITRE 7

# ADIEU, POOKY !

Je prends la télécommande, grimpe à nouveau sur la branche de l'arbre près de la palissade, et c'est parti pour un grand numéro de marionnettiste. Il me suffit d'appuyer sur les bons boutons et de parler dans le micro. Tout ce que je dirai sera répété par le Nounours 2000 et pourra être retenu contre Hercule, comme ils disent dans les séries télé quand ils arrêtent un criminel.

— Monsieur, s'il vous plaît, dis-je dans le micro.

Hercule n'en revient pas.

— Vous avez vu mon enfant ? Mon bébé adoré ? Aidez-moi à retrouver Pooky !

— Vous êtes sa mère ? demande Hercule.

— Oh ! Pooky ! je m'écrie. Mais qu'est-ce que tu fabriques

ici, avec ce vilain chien, au lieu de jouer avec ton gentil ami Garfield qui te cherche partout.

— C'est vrai que vous vous ressemblez, note Hercule.

Hi, hi, hi. J'étais sûr que ça marcherait. Et vous savez pourquoi ? Parce que les chiens, même les plus costauds, ont tous au moins un point commun avec Odie : ils ne sont pas très malins…

— Allez, on rentre à la maison, mon petit Pooky, je fais dire au Nounours 2000.

Mais alors que la partie semble gagnée, Hercule se comporte bizarrement. Il prend un air terriblement triste et commence à s'excuser.

— Je suis vraiment désolé, madame. Je ne savais pas que vous

le cherchiez. J'avais juste besoin d'un ami…

Il veut nous faire pleurer ou quoi ?

— Je n'ai jamais eu d'ami, voyez-vous. C'est mon boulot d'être un chien méchant qui fait fuir tout le monde. Et c'est ça mon problème : je fais si bien mon travail que je fais vraiment fuir tout le monde. Et quand on est un chien méchant qui fait peur à tout le monde, c'est presque impossible de se faire des amis.

Hercule se met à pleurer.

— À bientôt, Pooky. C'était chouette de t'avoir près de moi. Même si pour ça j'ai dû te voler au chat. Adieu, Pooky !

Et du bout de son museau, le terrible Hercule, les yeux pleins de larmes, pousse tout doucement Pooky vers le Nounours 2000. Puis il rentre dans sa niche, la tête basse. Mon subterfuge a fonctionné. Hercule a vraiment cru que le Nounours 2000 était la maman de Pooky. Ça ne me fait même pas plaisir.

Je rejoins Odie, resté près de la palissade.

— Tu l'as entendu, toi aussi, hein ?

Odie fait oui de la tête et gémit tout doucement.

— Je suis d'accord avec toi. C'est triste. Alors, je crois qu'on devrait lui trouver un ami…

Finalement, Hercule n'est pas vraiment méchant. Il était simplement malheureux de ne pas

avoir d'amis. Si triste qu'il est allé jusqu'à voler un ami. La tristesse rend agressif. Sauf en ce qui me concerne. Moi, c'est la faim qui me rend agressif. Mais je vous l'avais bien dit, non ? Que l'amitié était plus précieuse que tout l'or du monde.

CHAPITRE 8

# LE MEILLEUR AMI DE L'HOMME

Désormais, Hercule a trois amis rien que pour lui. Je lui ai donné Nounours 2000, le panda qui fait « MEUH » et ce ridicule sosie en peluche de Nermal. Cela dit, le vrai Nermal est tout aussi ridicule. Mais maintenant que j'ai retrouvé Pooky, je n'ai plus besoin d'eux. Et qu'est-ce qu'on se sent bien, quand on accomplit une bonne action.

Montés sur une caisse en bois que nous avons poussée contre la palissade, Odie et moi regardons Hercule servir le thé à ses trois nouveaux amis. Il a troqué son collier à pointes de chien méchant contre un grand nœud papillon bleu.

— C'est vraiment super de se rencontrer, je l'entends dire. Moi

qui n'avais aucun ami, voilà maintenant que j'en ai trois. Encore un peu de thé ?

Quel beau spectacle. Le bonheur lui va comme un gant. Le nœud papillon est peut-être de trop. En matière de goûts vestimentaires, Jon et Hercule feraient la paire.

Toutefois, il faudra que quelqu'un m'explique ce vieux dicton comme quoi le chien serait le meilleur ami de l'homme. D'un côté, je ne vois pas bien comment on peut être ami avec un animal aussi inutile. De l'autre, je suis bien ami avec Odie.

— Qu'en penses-tu, Odie ? Tu crois vraiment qu'un chien comme toi peut être ami avec un chat supérieurement intelligent comme moi ? Tu n'as pas l'impression que je te prends un peu pour un idiot parfois ?

Odie a l'air surpris par ma question. On dirait presque qu'il réfléchit à ce que je viens de lui dire. On n'est pas couchés.

— Enfin, tu m'aimes bien quand même, non ? Toi et moi,

malgré notre colossale différence de QI, on est potes.

Le regard suspicieux que me lance alors Odie me laisse à penser qu'il est peut-être moins idiot que je ne le prétends. Enfin ! Pour l'instant, j'ai surtout faim.

— Allez, Pooky ! Rentrons à la maison. Jon a sûrement fini de préparer le repas. Et si tu ne veux pas ta part, ne t'inquiète pas : je la mangerai...

FIN

ENCORE UNE ENVIE DE LASAGNES ?

TOURNE VITE LA PAGE POUR RETROUVER GARFIELD !

**GARFIELD**
REVIENT BIENTÔT DANS
UNE NOUVELLE AVENTURE :

# TOUT EST BON DANS LE DINDON !

Miam ! Ce soir au dîner,
Jon a prévu un dindon.
Le problème, c'est que
le dindon n'est pas
du tout d'accord pour
remplacer mes lasagnes !
Et puis… il a l'air sympa
finalement, cet oiseau.
Peut-être qu'on pourrait
lui éviter la casserole ?

POUR CONNAITRE LA DATE DE PARUTION DE CE TOME,
INSCRIS-TOI À LA NEWSLETTER DU SITE :

**WWW.BIBLIOTHEQUE-ROSE.COM**

GARFIELD & Cie
RETROUVE VITE SES NOUVELLES AVENTURES EN DVD ET BLU-RAY !
SOURIEZ !
LASAGNE et CASTAGNE
CHAT PERCHÉ
RAZZIA SUR LA PIZZA
CHAT VA ÊTRE CHOUETTE !
4 DVD ET 1 BLU-RAY SUPER POILANTS !!!
CHAT PERCHÉ
www.citelvideo.com
Citel VIDEO
DVD VIDEO
Blu-ray Disc
© Paws. All rights reserved «GARFIELD TV Series» © 2008 - Dargaud-Media. Avec le soutien de la Région Ile de France
iledeFrance

# TABLE

« Pour l'éditeur, le principe est d'utiliser des papiers composés de fibres naturelles, renouvelables, recyclables et fabriquées à partir de bois issus de forêts qui adoptent un système d'aménagement durable. En outre, l'éditeur attend de ses fournisseurs de papier qu'ils s'inscrivent dans une démarche de certification environnementale reconnue. »

Imprimé en Roumanie par G. Canale & C. S.A.
Dépôt légal : août 2011
20.20.2065.9/02– ISBN 978-2-01-202065-8
*Loi n° 49956 du 16 juillet 1949*
*sur les publications destinées à la jeunesse*